"轻模式"03

邱庆剑 / 著

风筝式督导

人民东方出版传媒

东方出版社

目录

序言
督导就像放风筝

督导即监督指导，它是一门管理学问。然而，很多管理者都为这门学问头痛。因为这是一门活学问，而不是死学问。

督导之"活"，表现在分寸的拿捏上。

一个人行走在旷野之中，备感孤独，这时渴望有别的人出现。一旦有别的人出现，并迅速向你靠近时，欣喜之余你又可能产生危险感，担心这个人伤害你。这是人的正常心理。人在职场，也是这样的：如果长时间不被过问，员工会产生失落感，但被过问得太频繁，员工又会感到紧张，甚至认为你不信任他，这就不利于其能力的发挥。更糟糕的情形是，长时间不过问你的团队，团队就散了乱了，失去了战斗力，于是，你发起运动式的"过问"，团队一下子变得谨小慎微，失去了创造性与活力，这就是通常说的"一放就乱，一抓就死"。

如何拿捏督导的分寸呢？

"风筝式督导"可以帮助你。放风筝，是分寸拿捏最形象的诠释。

风筝之所以上升，是因为扬力，而扬力来自于风力和牵引力。在这三种力量作用之下，风筝得以上升并平衡飞行。风力是外在条件，牵引力则是利用外在条件达到平稳飞行的手段。牵引力通过线来实现，并通过线的抽放来调节。如果说员工是风筝，那么，管理者就是放风筝的人，员工和管理者共同的目的，就是在天空中展示风采，创造一道亮丽的风景。

风筝在天上，放风筝的人在地上。这是距离的"分寸"。

提线传递的牵引力要适中。这是力度的"分寸"。

风筝与放风筝的人之间，有且仅有一线相连。这是"渠道"的分寸。

在职场，成功的督导工作也需要把握上述三种分寸。与你的下属保持适当的距离，不要让下属产生孤独感，也不要产生危险感；督导力度适中，蜻蜓点水解决不了问题，越俎代庖则不仅累死自己还培养不了下属。至于渠道，不要花样百出，用指标考核就足够了。

基于放风筝与督导的这种形象的关联，我们推出了"风筝式督导"，它是"轻模式"的重要组成部分。本书以生动形象的故事，讲述了风筝式督导的基本原则、实施步骤和一些行之有效的技巧，并介绍了督导中的一些重要理念。

督导难不难？对很多管理者来说，是比较难的。

放风筝难不难？对绝大多数人来说，都是很容易的，几岁的孩子都游刃有余。

"风筝式督导"将督导与放风筝结合起来讲述，将虚无的分寸拿捏具体为一些可操作的工具，从而解决了令管理者头痛的督导问题，让督导变得像放风筝一样容易！

"风筝式督导"已经在部分企业推行，经过实践的检验，证明效果十明显著，理论和方法体系均已经较为完善，具备以图书的形式广泛传播的基础。这本书的问世，承载着出版社老师和编辑的辛勤劳动，同时，也需要管理实践与咨询界的呵护。

当督导就像放筝时，不仅容易，更是一种怡情的乐事。作为一种创新性的管理工具，"风筝式督导"将和"轻模式"中的其他模块一样，给予管理者实实在在的帮助。

第 **1** 章

新经理的苦恼

1.1　升职了

　　A 公司是一家有 4 千多员工的中型企业，生产销售建筑机械和石油机械。前几年，市场销售情况不错，内部管理存在的问题没有暴露出来。近几年，市场疲软，许多问题一下子暴露出来了。

　　为了强化管理，老板提拔了一批年轻干部。

　　王小云是被提拔者之一。他被提拔为设备部经理，不是因为他管理水平有多强，而是因为他业绩突出。被提拔之前，王小云是设备部一名技术主管，在设备管理方面做得不错。老板把原来的设备部经理调到了另一个分厂做厂长，提拔王小云坐到了经理位置。

升职是一件值得高兴的事情,王小云兴奋了好几天,走起路来,都比原来更有精神了。

可几天过后,他的苦恼也来了:因为管理不当,他和下属之间的关系越来越紧张。

王小云试图改善管理。他先是买来一大堆管理方面的书籍,没日没夜地阅读、消化,然后应用,但几乎没有效果。然后,他又去向多位职业经理人请教管理艺术,也向管理学教授们请教,建议倒是得到不少,但效果也不明显。

王小云意识到,自己必须改变现在这种状况,否则不出两个月,部门就会一团糟,到时,他首先会面临着"下课"。好不容易升上来了,再跌下去,跌倒的可不仅仅是面子,还有信心和他在老板心目中的"定位"——老板可能会认为他不适合做经理,永远也不会再提拔他了。

1.2　下属竟然不知道该做什么

上任以来,已经发生过多次这样的情形了:明明清清楚楚地下达了指令，但下属竟然不知道该做什么。

"小张，给我做一份公司设备分析报告。"有一天，王小云——我们现在该称他王经理——对小张说。

小张答应了，并在很短的时间内就交给了他。效率挺高的嘛，王经理当时还有点高兴，但慢慢看下去时，却失望了，甚至很生气。

王经理想要的分析报告是这样的：公司有多少设备，原值多少，折旧多少，净值多少，运行状况是怎样的，使用年限分别是怎样的，哪些需要更换，更换的投入产出分析等等全方位的信息。但小张交来的，只是一份设备明细清单而已！

"你没有要求这么多信息啊！"小张感到很委屈。

王经理觉得小张说得有道理，事前他交代得不详细。于是，他把信息方面的要求说了一遍，让小张重新去做。

然而，几天后，小张交来的报告还是令他失望至极。虽然分析范围扩大了，信息更全面了，但无论条理还是数据的准确性，都达不到要求。

失望之余，王经理只好亲自来做这一份报告，加班加点足足忙活了一个星期。

还有一件事情让王经理记忆深刻，那就是让小李做设备供应商调查的事。

公司准备采购几台空压机，王经理让小李调查一下供应商信息。吸取以前的教训，这次，他特别详细地交代了信息范围：供应商规模、公司性质、经营年限、产品价格、交货期、付款方式、其他使用者的评价等。

几天后，小李的成果交来了：一大叠纸，差不多上百页！小李先是打开多家供应商的官方网站，然后把相关网页复制下来，再打印出来。

看到这么一堆"信息"，王经理简直哭笑不得。他当即批评了小李，但小李显然不接受他的批评，接下来的工作总是带着情绪去做。

王经理很苦恼：到哪儿去找到一点就通、一说就心领神会的员工呢？他认为自己就是这样的员工，前任经理在时，他总能很快领会经理的意思，并且做出来的工作总是符合经理的意图。

1.3　指导成了不信任

王经理是一个做事很细致的人，事无巨细都要亲自过问。

　　管理是需要授权的，事无巨细都亲自过问，势必做不好管理工作。这样做，不仅管理者自己累，被管理者也累，工作思路和进度常常被打乱。

　　王经理上任不久，员工对他的这种风格就有了怨言。大胆一点的员工，会半开玩笑对他说："领导，您太辛苦啦，这些小事，交给我们就是啦。"胆小一点的员工，什么也不说，经理你要过问，你就亲自来做，我乐得做旁观者。

　　渐渐地，部门上上下下，就王经理一个人最忙了，很多员工没事做。

　　事无巨细亲自过问，已经严重影响了王经理的工作。糟糕的是，他还有一个严重的缺点：对别人做的事，都不怎么放心。

　　因为不放心，便总是要去指导员工该如何如何做。员工的工作，当然需要管理者指导，但事事都去指导，指导得太频繁，就成了打扰或干扰了。

　　受打扰或干扰的员工，在心中还会产生一种念头：经理不信任我！这种念头对员工的伤害相当大。如果说管理者对下属的情感分四个层次：忽视、平淡、喜欢、信任，那么，信任是最高层次的，它超过喜欢。只有当一名员工感到被信任时，他才会激情满怀地工作，才可能全身心地工作。

"你这是明摆着不信任我嘛！如此不信任，还用我干吗?!"有一天，一名员工终于忍不住冲他嚷起来。

王经理心里也很委屈：我这不是一片好心吗？还不是怕你工作出偏差吗？

1.4 信任，工作却偏离了方向

王经理和一位资深经理人交流了信任问题，他意识到了信任的重要性。但是，如何信任，他并没有理解透彻。他简单地认为：少管，就是信任。

王经理管得少了，员工们对他的评价反倒高了。他也比以前轻松了，找到了做领导的感觉，认为自己掌握了管理的秘诀。

然而，好景不长。半个月后，更糟糕的情形出现了：部门所有工作都出了问题，要么被拖延着根本没做，要么在做但进度严重滞后，要么质量打了很大的折扣，要么执行方向发生了严重偏差。

到底是怎么了？管得多了，叫不信任；管得少了，却又乱了。

1.5　优秀员工总是悄悄地离开

上任的第四个月月初，总经理找王经理做了一次深度谈话。

这次谈话的内容，重点并不是指出王经理管理工作中的不足——关于管理不足的谈话，已经进行过多次了——这次谈话的重点，是关于人才流失问题。

王经理上任以来，部门人员进出率迅速提升，8 个老员工走了 4 个，其中 3 个一直是非常优秀的。虽然补充的 5 个新员工也不错，但部门整体员工水平明显下降了。

"这是怎么回事？"总经理问。

王经理说不出个所以然。三个月里，他的确多次批评过员工，有时批评方式和语言不恰当，甚至伤害了员工。但是，对于那 3 个优秀员工，几乎就没有批评过。

这 3 个员工的工作，也出了一些状况，但王经理只是和颜悦色地提醒了一下。

总经理和他谈了几个小时，也告诉了他许多管人的道理，但他始终没有找到答案。他们为什么离开？就薪水和福利而言，部门的薪水和福利不比其他部门差，工作环境不错，工作强度也不算大。

过了一些日子，王经理无意中听到员工的一点点谈话。有一名员工说："在王经理手下，做得不好要挨批评，做得好则要被忽视。"

这句话，让王经理找到了一点头绪。的确，做得好的员工，他几乎就没有关注过。

第 2 章

放风筝的管理学家

2.1 工作不顺，生活也会一团糟

在通常情况下，工作不顺利，生活也就会一团糟。

在升职之前，王经理通常可以准时下班，常常可以陪家人陪朋友，生活过得很闲适，甚至可以每个周末带着老婆孩子到不远的地方自驾游。

升职之后，生活完全乱了套。每天早出晚归，周末还常常加班，先是孩子提出抗议，接着老婆也深为不满，最后朋友也几乎把他晾在了一边。因为太疲惫，生活情趣大减，因为心里烦躁，失去了往日的平和，常常和人吵闹，对老婆孩子也失去了耐心，动不动就横眉冷对大吵大嚷。

"你不再是我爸爸！"孩子说。

"你变成了恶魔！"老婆说。

"孩子，你怎么了？"父母说。

"你升官了，不想和我们一起混了？!"朋友说。

升职前，他的电话每天晚上 9 点准时关机。升职后，他的电话一天 24 小时开机。工厂里是三班倒，设备一有问题，就得找他。因为工作状况不好，老板和总经理也老是"惦记"着他。他的电话常常在三更半夜甚至凌晨响起，老婆不堪打扰，严重睡眠不足，最后两个人只好分居了。

升职了，薪水是涨了不少，可失去的，也不少啊！

2.2　儿童节

明天是六一儿童节。王经理的孩子是个男孩，小学六年级，快十二岁了，进入初中，就不再过儿童节了。这最后一个儿童节，应该好好过一下。王经理决定，明天休假一天，何况明天还是星期六。

他特别准时下班了，大约下午 6 点半时，他开车经过家对面的河滩地。那里的河滩地很开阔，有许多小朋友在放风筝，也有一些成年人在放，空中龙飞凤舞。卖风筝的小贩不少，一排排五颜六色的风筝在风中轻轻摆动，让他想起藏族地区挂在山坡上的经幡。

"明天陪儿子放风筝！"王经理心情忽然愉快起来。

回到家里，老婆和孩子很诧异，表情像是看到了外星人。

"怎么这样看着我？"他问。

"你今天下班太早，我还以为自己产生了幻觉！"孩子说。

"不是幻觉！儿子，过来让我抱抱！"他说。

孩子没有动。

"我明天休假。"他很高兴地说。

孩子摇摇头："我不信。"

"真的！我明天陪你放风筝，高兴不？"他说。

"真的？！"儿子愣了几秒，突然跑过来，像猴子一样往他身上爬，"老爸真好！"

他听着儿子的话，心里酸酸的：唉，这经理当的……

儿童节这天，河滩上的人一下子增加了很多，许多孩子都是由家长带着一起来玩的，空中的风筝几乎可以用"拥挤"来形容。

王经理带儿子选了一个老鹰风筝，然后找到一片人稍微少一点的地方，开始放风筝。

风筝，王经理小时候是放过的。一个人拉着线在前面跑，一个人托着风筝，跑的人跑出一定距离后，托风筝的人放开手，风筝就慢慢飞起来，随着风筝高度增加，跑的人慢慢放出手中的线。

理论上说是很简单，可实际操作并不容易。这一天风力很弱，有相当一部分人没能把风筝放起来，或者没有放到足够的高度。孩子在前面跑，王经理托着风筝，可试了好几次，风筝都在几秒钟内就一头栽了下来。

孩子跑得汗都出来了。

"再试。"王经理说。

可在这节骨眼儿上，电话响起来了。一看，是部门里一个员工打来的。犹豫片刻，他还是接听了。

"王经理，三分厂一台铣床出了故障。"小陈在电话里说。

如果是平常，王经理会亲自去现场解决，可今天不成啊。他想了想说："你先下去看看吧，看能否处理。"

挂了电话，王经理脑子里就老是想着铣床的事，显得有些心不在焉。

"老爸，你专心点好不好！"儿子发现了他的状态，提出抗议。

他努力调整自己的状态，努力将脑子里的铣床赶出去，可越是努力，风筝越是不听话。

2.3　风筝像人一样

"我们休息一下吧。"王经理对孩子说。

"好吧。反正你现在也不在状态。"儿子有些生气了。

父子俩并排坐在河滩地上，看着满天的风筝，当看到飞得又高又平稳的风筝时，儿子便会由衷地赞叹一番，语气中充满了羡慕。

"爸爸！长龙！快看长龙！"儿子突然大叫起来。

在离他们 500 米开外，一条长龙风筝正在慢慢升起来，平平稳稳地升起。这个风筝约有 30 米长，其他风筝一下子显得很渺小。

"风力这么小，这么长的风筝，怎么放得起来啊？"

王经理说，像是问自己，又像是在问孩子。

"人家在专心放嘛。"儿子没好气地说。

这应该不只是专心那么简单，王经理心里想。他循着风筝望过去，是一位老人在放那风筝。老人选了一片人很少的地方。那里之所以人少，是因为在河滩地的边缘，紧挨着一片建筑工地，不方便跑动。老人旁边还有一个不到十岁的小孩子。过了一会儿，老人把风筝放到了差不多300米高，超出了所有的风筝时，他把手中的线交到了孩子手中，自己则坐在地上，悠闲地看着满天的风筝。

"我们过去看看。"王经理提议。

"好的。我们去学习学习。"儿子说。

走近时，王经理觉得老人有些面熟，但怎么也想不起在哪见过。老人六十来岁，穿着一身运动装，但从神态、气质上看，都不像是一个运动员出身，而更像是一个知识分子。

"您好！老先生。"王经理很客气地和老人打招呼。

"您好！"老人也很客气。

"您的风筝放得真好！"他赞叹道，诚恳地。

"还行吧。"

"您应该放很多年风筝了吧？"王经理想请教放风筝方面的技能。

老人呵呵一笑，指着孩子说："哪里有啊，我孙子六岁时，我开始放风筝，今年他才九岁。"

王经理的儿子已经和老人的孙子交谈起来了，看来谈得还不错，现在的孩子交际能力可真强。

"我想知道，这么大的风筝，怎么才能放上天？我一个小风筝，都飞不起来。"王经理说着，指了指自己那个躺在地上的风筝。

"哦，这个……风筝是有情绪的，你首先得了解这一点。"老人说。

"风筝有情绪？你是说像人一样？"

"是啊，风筝像人一样，有情绪，有喜怒哀乐。放风筝是一场交流，是一种管理，像人与人交流一样，像管理人一样。"

王经理一下子有点理解不过来，但他显然对此十分感兴趣。他想到了自己的工作，自己在管理上一团糟，不正是缺乏对员工喜怒哀乐的了解吗？

"先生，我们能详细交流一下吗？"王经理说。

"你感兴趣？你是做什么工作的？"老人问。

"我在一家企业做经理。我忽然觉得，放风筝的原理，或许对我的工作会有很大的帮助。"

"可是……"老人有些犹豫。

"不会耽误您太长时间的。"王经理赶紧说。

"我今天的时间属于孙子，而且，我历来不在休息时间讨论工作。不如这样吧，我明天恰好有一堂课，是关于管理的，在课堂上，我会详细讲述放风筝的原理，我以私人名义邀请你参加。"老人说。

"那太好了！请问在哪里讲呢？"

"在光明财大讲演厅，你来时，说是我邀请的，就不用给门票了。我的名字叫卫理，说我名字就成。"

"卫理！"王经理惊诧得合不拢嘴。难怪自己觉得面熟，眼前这位就是当今最著名的管理学家卫理啊！他的照片，常常出现在财经杂志的封面上！真是太荣幸了！

老人看到王经理的表情，微笑了一下："你一定可以在课堂上找到你要的答案！把工作放一边去，今天，我们就尽情地放风筝吧！"

王经理抬起头，发现儿子已经把风筝放上天了，老人的孙子在一旁指点着他。

第 3 章

第1节课:( )目标＋( )行为＝( )结果

3.1 管理课开始了

王经理一直想听卫理老师的课，可惜一直没有机会。这次如此幸运，能够得到卫理老师的邀请，他当然要去听。第二天一早，他就到了会场。在会场门口，当他说自己是受卫理老师邀请而来时，接待人员眼中充满了羡慕，非常客气地把他送进会场，并在第一排给他找了一个座位。

来听课的，大多是企业界的经理人。卫理老师虽然是本地人，却很少在本地授课，听他讲课的机会非常珍贵。王经理悄悄地向身旁一位经理人打听了票价，每张票价竟然高达两万元！

在主持人做了简短的开场介绍后，卫理老师神采奕奕地走上了讲台。他不再是一身运动装，而是西装革履，显得很儒雅。台下是经久不息的掌声。

王经理准备了笔记本、笔，还准备了录音笔。真该感谢接待人员，给他找了一个第一排的座位，这样更方便录音。

卫理老师走到讲台后面，面对观众，示意掌声停下来。掌声停下来后，他声音洪亮、表情热烈地与大家打招呼："朋友们，大家好！"

台下又是热烈的掌声。

卫理老师敲了一下笔记本电脑键盘，讲台左侧的屏幕上出现一张图片：

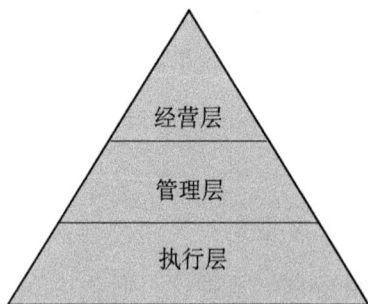

图 3-1　管理层次

"在座的朋友中，有很多是职业经理人，担任着管理工作，在单位的管理层次中，属于中间层次，即管理层次。"卫理老师说着，用激光笔指着屏幕上的图片，"居于这个层次的朋友，负有一个重要的职责，那就是督导，即监督和指导执行层完成任务，以实现经营层的决策意志。我们今天这堂课的主题，就是如何做好督导工作！"

台下又爆发出热烈的掌声。

管理督导，属于具体的事务性工作了，作为管理学家，卫理很少讲具体的事务性的课程，这不得不让人们感到兴奋又好奇。

"我原本打算今天讲一些我在管理方面研究的一些最新理论，但昨天我带着孙子去放风筝的时候，碰到一个朋友，他希望知道放风筝与管理工作之间的共同之处。于是，我决定今天讲一些对大家的具体工作更有帮助的东西。在座的朋友中，有人放过风筝吗？放过风筝的朋友请举起手来。"

几乎所有人都举起了手。

卫理老师看了看台下，笑着说："我今天就给大家讲讲'风筝式督导'！"

3.2　风筝是有情绪的

"朋友们，当你们买回一台电脑时，它有使用说明书吗?"卫理老师问道。

"有!"台下很多人回答。

"当你们招聘一名员工时，他有使用说明书吗?"

台下很多人笑起来，也有人大声说:"没有!"

"为什么没有?"

没有人回答，有人还在小声议论。

最终，卫理老师自己说出了答案:"因为人不是一成不变的，人是有情绪的，有喜怒哀乐的，他的行为不可能用一纸文字固定下来。"

台下又响起了热烈的掌声。

"我说过，我今天讲的是风筝式督导。我要告诉大家的是，风筝都是有情绪的，何况有血有肉的员工。当你粗鲁地对待风筝时，风筝就飞不上天，或者即使飞上去了，也会很快栽下来! 作为管理者，我们常常忽视了员工的情绪，我们把他们当成了一台有使用说明书的机器，我们犯了很多错误。"

　　"充分认识并承认员工是有情感的个体，尊重他们，体谅他们，多听听他们的意见，双方经过讨论，形成双方都认可的最佳执行方案，这是督导工作得以有效开展的基础，也是我们实施风筝式督导的第一项准备工作。"卫理老师接着说。

管理者常犯的错误

　　错误 1：我们总是在自己需要时，强制员工执行自己的意志，而忽视了当时员工的情绪正处于不佳状态。

　　错误 2：我们总是要求员工应该这样做那样做，而忘了听听员工的意见，也许员工脑中的方法比我们提出的好一千倍。

　　错误 3：我们在下达指令时，常常把员工视为了干活的工具，甚至缺乏对他们的体谅和尊重。

3.3　找到合格的风筝，并研究它

　　这时，台下有人举起了手。卫理老师示意他说话。

　　"如果风筝本身就有问题，怎么办呢？"这个人问。

　　"如果风筝本身有问题，我们就要修理它，如果经过修理，还是不具备飞行条件，我们就应该淘汰它了。"卫理老师说，"您这个问题，涉及了我们实施风筝式督导的第二项准备工作。"

王经理听到这里，禁不住在脑子里把自己部门的员工过滤了一遍，他发现有些员工是有问题的，至少是有些缺点和短处的。但他此前在下达工作指令时，没有考虑这些因素，而是简单地一视同仁地把这些员工看作"执行者"，彼此没有差别的"执行者"。

卫理老师在继续说："我们的第二项准备工作包括两项任务，一是找到我们的风筝，二是研究每一只风筝的特点。风筝有风筝的结构和属性，你不能把一块钢板当做风筝。在这方面，职业经理人通常不会犯太严重的错误，他们在招聘员工过程中，都知道按一定的标准来甄选。但是，在研究每一个员工的特点方面，经理人却常常做得不够。我想问在座各位，你们了解每一名直接下属的个性和特点吗？"

台下有稀稀疏疏的回答声，大多数人承认没有认真研究下属。

"那么，我再问大家，你对员工的了解，胜过对你的孩子的了解吗？"卫理老师说。

台下一片寂静，显然，没有谁对员工的了解，胜过对自己的孩子的了解。

卫理老师轻敲键盘，屏幕上出现一行字：

要像了解自己的孩子那样，去了解你的员工。

王经理想起了自己的孩子。虽然近几个月来，和孩子的交流很少了，但他对孩子还是相当了解的，知道他的个性，知道他的一切优点和缺点，知道他处事的风格等。为什么如此了解？因为他爱自己的孩子。而他对员工，并不怎么了解，因为他并没有在员工身上投入多少感情，在他眼中，员工是"执行者"，如果能够找到一台机器替代这些员工，他宁愿要一台机器。

一阵热烈的掌声把分神的王经理拉回到会场上，只听卫理老师正在说："不同种类的风筝，其特点是不一样的，放飞的技法也有差别。即使是同类风筝，因为规格大小不同、骨架轻重不同、翅膀材质不同，放飞技法也有不同。员工，更是没有完全一样的两个人。我们下达工作指令时，必须考虑员工的差异性。指令可以是一样的，但因为执行者不一样，就可能有不一样的结果。"

3.4 提升你在下属心中的形象

王经理想起两个月前，他安排部门的小金和小赵分别做一份设备投资回收周期分析，小金负责一、二、三分厂，小赵负责四、五、六分厂。

虽然工作一样，但做出来的结果却相去甚远，小金做得很好，而小赵做得很差。当时，王经理认为小赵敬业精神不够，现在想起来，才发现原来小金学过财务，而小赵没有学过。这样的分析工作，小金是能够胜任的，而小赵显然是不能胜任的。

责任不在小赵，而在于王经理本人对小赵的专业知识不够了解。

风筝式督导的三项准备工作

第一项：充分认识并承认员工是有情感的个体，尊重他们，体谅他们；

第二项：找到合适的员工，并充分了解每一个人的特点；

第三项：提升你在下属心中的形象。

"在座的朋友，你们了解自己在下属心中的形象吗?"卫理老师问。

有的人很自信地说了解，有的人说不了解。

"事实上，根据我们的调查统计，90％的职业经理人对自我形象的认知，与下属对他们的形象的认知相去甚远。在员工的心中，管理者分为三个类型：恶人型管理者、平衡型管理者和好人型管理者。"卫理老师说，"在这三种类型的管理者当中，你们愿意做哪一种呢？愿意做第一种的人请举手。"

全场共 300 人，没有人举手。

"愿意做第二种的人请举手。"

很多人举起了手，主持人统计了一下，大约是120 人。

"愿意做第三种人的请举手。"

更多人举起了手，主持人统计了一下，大约是160 人。

卫理老师笑了笑，说："其实在这三者当中，第二种才是最佳的选择。"

三种类型的管理者

恶人型管理者：不管对与错，不管公平与否，始终站在维护单位利益的立场上，不考虑员工的利益和感受，强制性要求员工执行上级的意志，其形象类似于"爪牙"。对这种管理者，员工通常抱有敌意，采取对抗或远离的方式对待。

平衡型管理者：既维护单位的利益，也维护员工的利益，客观、公正、公平地处理问题，既是单位的利益代言人，也是员工利益的代言人。他们不会强制员工执行，而是通过有效的交流和沟通，让员工认识到应该执行，执行了对单位对员工都有好处。对于上级明显不合理的要求，他会提出修正建议，如果上级不修正，他会再次与员工沟通，让员工作出牺牲去执行。这样的管理者，有时会被员工误解，但最终他会获得绝大部分员工的拥护。

好人型管理者：总是无原则地站在员工利益说话，背着上级时甚至恶意攻击单位，以表示自己和员工站在同一立场。员工真正有困难时，他又无法提供帮助，但他把责任推到上级或单位身上，表示自己努力了，但上面不同意。这样的管理者，刚开始能够受到员工的欢迎，但时间一长，就没几个员工把他当回事了，甚至还会欺他软弱。

"尽管平衡型管理者才是最佳选择，但你们可能一直做着'恶人'或'好人'，自己却不知道。"卫理老师说。

"那怎样才能知道呢？"有人举手提问。

"通常采用调研的形式。先与员工沟通，诚恳地表达你想改进管理和改善个人工作风格的愿望，请他们给你提供帮助。然后，给他们发放你的'形象评价表'，这个表不具名，并且最好让大家以打印形式投入意见收集箱，因为有些员工会担心自己的笔迹被上司认出而不敢说真话。"卫理老师点开电脑中一张表格，并投影到屏幕上。

台下的人赶紧把这张表画在自己的笔记本上。王经理不仅画下来，还用手机拍了下来。

估摸大家把表格画下来后，卫理老师继续讲述："只有下属认可你的形象，接受你的形象，喜欢你的形象，他们才可能认真地执行你交给他们的任务，你的督导才能产生作用。从'形象评价表'的要素，我们可以看出，一个管理者的形象，不仅仅包括他的外在形象，更包括他的内在形象和工作形象。内在形象是基础，它是一个人的素质修养，外在形象是内在形象的载体，是内在形象的外在表现。工作形象又是什么呢？它本质上是个人内在形象的一部分，是一个人在工作中表现出来的修为，包括敬业、勤奋、沟通、合作、帮助、关怀、友爱等。

提升你在下属心中的形象，就需要从内在形象、外在形象、工作形象三个方面去着手，这三个方面的形象，又是你个人魅力的基础。当你拥有了强大的个人魅力，员工不仅会听你的，还会崇拜你。当你身边围着的都是崇拜你的'粉丝'，你还愁督导难吗？"

听到这里，王经理想起了公司的总经理。总经理就是一位具有强大个人魅力的人，很多下属都崇拜他，对于他的指令，下属们总是全力以赴地去执行，如果能够以最满意的结果博得总经理一句赞赏，下属甚至会兴奋许多天。

记得有一年中秋节，公司在市场上遇到一点危机，为了应对，总经理要求大家中秋加班。倘若是老板来提出这一要求，很可能怨声一片，但总经理提出要求时，大家却欣然接受。

"加班，没问题！因为是总经理要求的！"很多员工这样说。

平日里，也常常能够听到"因为是总经理要求的"这句话。总经理，就是理由，此外不需要任何理由。

3.5　三个基本原则

王经理心中想着员工们对总经理的崇拜时，卫理老师已经讲到了风筝式督导的三个基本原则：

原则一：保持最佳距离

原则二：把握最佳干预分寸

原则三：抓住最关键因素

"我们先看第一个原则吧。"卫理老师说，"风力大小不同，风筝放飞的最佳高度也不一样，但始终是有一个最佳高度的。这个最佳高度，也是风筝与放风筝人之间的最佳距离。关于管理者与被管理者之间的最佳距离，有哪位朋友愿意与大家分享一下吗？"

卫理老师话音刚落，台下就有很多人举起了手。

"如果管理者与被管理者距离太近，甚至过于亲切，很多工作就会受到影响，一些原则性的问题就会变得没有原则。"一名经理人说。

"如果管理者与被管理者距离太疏远，被管理者又会认为自己受到了冷落，积极性会受到打击。"另一名管理者说。

卫理老师充分肯定了两名经理人的看法。

王经理还没有机会说过话，他高高地举起了手。卫理老师看到他了，请他站起来，并用目光鼓励他。

"可是，什么样的距离，才是最佳距离呢？"他问。

"问得非常好！"卫理老师说，"所谓最佳距离，就是保持彼此的工作友谊，但不超越这种友谊。这样解释容易，做起来却不容易。因此，我常常建议经理人用'关心下属的频率'来丈量自己与下属之间的距离。这里有一个工具表单，可以供大家参考。"

表 3-1 关心下属计划表

姓名	个性特点	家庭情况	生日	入职日	业余爱好	关心方式	关心频率

注：1. "关心方式"包括聊聊工作情况，聊聊家庭或个人生活情况，送小礼品、集会或聚餐、短信、电话、家访、纪念日祝福。

2. "关心频率"包括一天一次，三天一次，一周一次。

　　关心下属，还做成表单，有计划地关心，这真是许多经理人想都没有想到过的"绝招"。经理人日常事务繁忙，冷落一部分员工，和另一部分员工过于亲密，都是常有的事。如果有了这张表单，就可以做到一视同仁了。

　　"我们再看第二个原则。还是先说风筝吧。"卫理老师继续往下讲，"在放风筝过程中，我们要根据风筝的高度和平衡度，给予干预，具体说是收线、放线、拉动等动作。这些干预是有分寸的，速度、力道、频率都有讲究，做好了，风筝飞得很漂亮；做不好，风筝就会栽下来。实施督导工作，离不开对执行者的干预。大家有没有这样的感受：干预过多，执行者对你表示不满？"

　　台下很多人都说有。

　　"那么，干预太少呢？又常常出现问题，比如进度滞后，或者方向出现严重偏差。是吗？"

　　台下很多人都说是。

　　"这就需要把握干预的最佳分寸。但是——"卫理老师故意把"是"字拖得长长的，"天底下最难把握的就是分寸啦！"

　　卫理老师点了几名经理人，问他们如何把握对执行者的干预分寸，没有一个人能够说出大家认可的方法。

"作为管理者，其实很可怜，一番好心，可干预过分了员工讨厌你，干预少了出问题老板批评你！其实，不是没有办法，我们依然可以用表单来完成，这个表单是'执行沟通表'。你听听，这名字多好听，执行者不喜欢被干预，但喜欢沟通啊！这个表以纸质表或电子表的形式，每天发给执行者，让他们填写，然后反馈给你。他提出问题，提出困难，提出建议，报告进度和方向，你回复他，并提出你的建议，这是平等的互动，执行者都非常乐意接受！"

王经理回想起自己工作中，指导员工，被员工视为不信任；不指导员工，员工的工作却出现偏差。现在，他知道答案了，是干预的分寸没有把握好。

表3-2 执行沟通表

沟通对象			发出时间	
沟通事项	进度			
	障碍			
	资源			
问候与鼓励				

经过一番讨论，大家都认为，以平等沟通的形式实现干预，比"监工式检查"效果要好得多。

"好啦，我们来看第三个原则。"等大家把表单画下来，卫理老师继续说，"放风筝的关键是什么？是一个'力'字。只要抓住了这个'力'字，风筝就会乖乖地听你的话。风筝的飞行道理，有谁知道吗？"

有一名经理人举起了手，主持人示意他站起来回答。

"我是一个风筝爱好者，对风筝的飞行原理略知一点。风筝靠三种力量在空中保持平衡飞行，一是风力，二是提线的牵引力，三是扬力。扬力是风力和牵引力共同作用才产生的。"

"好！非常好！"卫理老师鼓了一下掌，台下接着也响起了掌声。

"那么，这三种力中间，哪一种是关键呢？"待掌声停下来，卫理老师问那名经理人。

"牵引力是关键。"

"对！非常正确！感谢你！"卫理老师示意他坐下，然后继续说："风力是客观因素，我们无法控制。扬力是风力和牵引力的共同作用产生的，调节牵引力，就可以调节扬力。当风力大小不适当时，我们也可以通过改变牵引力来调节扬力，从而适应风力大小。所以，牵引力是最关键的！那么，在管理督导中，什么因素是最关键的呢？是我们最应该牢牢抓住的呢？"

台下有人举起了手，主持人一一示意他们站起来说。

有人说是情感。

有人说是敬业精神。

有人说是薪资福利。

有人说是职业愿景。

"说薪资福利的朋友，你的答案比较正确！"卫理老师总结道，"一根细细的线可以控制风筝，可谓牵一线而动风筝之全身。那么，对于员工来说，有这么一根线吗？有没有这么一根线，让我们牵一线而动全身呢？有！那就是经济利益。经济利益用什么来体现？那就是考核指标。"

台下响起热烈的掌声。

3.6 （ ）目标＋（ ）行为＝（ ）结果

在掌声中，卫理老师轻敲键盘，一个公式出现在了屏幕上：

（　）目标＋（　）行为＝（　）结果

"在目标、行为、结果这三个要素中，作为管理者，我们要的是哪一个?"卫理老师问大家。

大家都说要的是结果。

"所有结果都始于目标，但只有目标是无法获得结果的，还得有行为。如果你是一个手工艺人，你的目标你可以控制，你的行为你也可以控制，因为整个过程就你一个人，不存在交流、沟通和执行的困难。但是，作为管理者，这里的行为就不是你亲自去实施，而是交给下属去实施，这时，行为就不好控制了，必须通过有效的督导去保证行为的有效性。"卫理老师说，"大家一定注意到了，'行为'前面有一个空着的括号，我用这个空着的括号，表示'行为'存在很多不确定因素，需要加以调控。那么，'目标'和'结果'为什么也要加个空括号呢? 道理也是一样的。我们从第 2 节课开始，逐一讲述这个公式中的三个要素。"

第 **4** 章

第 2 节课：（　）目标

4.1 圆≠圈≠球

第二节课开始时，讲台上多了两个书写板，分立在讲台的两端。

主持人随机点了两名职业经理人上台，并让其中一名扮演管理者，另一名扮演执行者。两人背向站立，各自面向书写板。

"现在，请'管理者'打开书写板上的指令单。"主持人说。

"管理者"打开的"指令单"是贴在书写板上的一张纸，上面有一句话：请给我画一个圆。

"请'管理者'自己先执行这个指令，以表明你心中要的目标是什么。"主持人说。

"管理者"想了想，在书写板上画了一个大大的圆圈。

"'管理者'，你确定这是你心中的目标吗?"主持人问。

"确定。"

"不再改变?"

"不再改变。"

"那好，"主持人继续说，"现在，请'管理者'向'执行者'下达指令。"

"管理者"说:"请给我画一个圆。"

"现在请'执行者'执行指令，要力求完美。"主持人说。

"执行者"在书写板上画了一个圆圈。片刻后，他似乎觉得小了点，又擦掉，画了一个大一些的。但他似乎还觉得不够完美，又把圆圈修改得更圆一些。修改后，他想了想，又在圆圈中涂上了色彩，让它成为立体的。

"执行者，请问你完成任务了吗?"主持人问。

"完成了。"

"你确定完成了吗?"

"确定。"

"你确定这是管理者所要的吗？"

"不是非常确定，但我已经努力了。"

主持人让"管理者"和"执行者"都转过身，看着对方。当两个人转过身，看到对方书写板上画的，都露出了惊讶的神色。

"他画的，是你要的吗？"主持人问"管理者"。

"不是。我心中要的就是一个大大的圈。"

"可你对人家说的是要一个'圆'啊！"主持人说。

"但是，他画的也不'圆'啊，他画的是一个'球'。""管理者"说。

主持人转过身，问"执行者"："你为什么要画一个球呢？"

"执行者"说："我觉得一个圆圈太单调，想做得完美一点，就涂了颜色，画成一个球了。"

"这么说，"主持人说，"你是一番好意？"

"对。我是一番好意，可结果不好，执行错了。"

4.2　目标清晰，并且传递准确

台上做游戏时，卫理老师一直坐在台下，看着台上。

游戏结束时，卫理老师在掌声中走上台。

"指令是'圆'，管理者要的是'圈'，执行者做出来却是一个'球'。这个游戏告诉我们一个道理：目标清晰和正确传递是多么重要啊！"卫理老师说，"目标＋行为＝结果，如果目标不明确、不清晰，或者理解有偏差，行为再好，也不可能带来良好的结果。我们'目标'前面的空括号里，首先要填进去的，就是明确、清晰、准确等内容。放风筝的人目标是什么？就是让风筝飞上高高的蓝天。关于这一目标，风筝是非常明确地知道的。如果说管理者是放风筝的人，执行者是风筝，彼此目标不一致，工作就很难开展。"

这时屏幕上显示出几行字：

目标必须是明确的，独一无二。

目标必须是清晰的，一看就懂，并且可以量化。

目标必须准确传递，发出方和接收方理解无

差异。

听到这里，王经理心头豁然开朗。原来，他在工作中碰到的"传达了指令，下属却不知道做什么，或者做出来全然不是他所要求"的情形，就是因为他和员工之间目标不一致。

"管理者和被管理者心中理解的目标，相差十万八千里的情形，是经常发生的。我们如何确保彼此所要的目标是一致的呢？"卫理老师问。

有不少人举手回答。

有人说加强沟通。

有人说加强培训。

有人说找到理解能力强的员工来执行。

王经理脑中忽然闪过小时候看到的战争电影场面：作战指挥员下达指令后，要求接受指令的人复述一遍。这个方法好啊！王经理急忙举起了手。

卫理老师示意他站起来回答。

"让管理者把目标讲述出来，再让被管理者把自己心中的目标也讲出来，对比一下。"王经理说。

"好！回答得非常好！"卫理老师说，"我主张的方法就是这个！彼此表达出来，看理解是否一致。在很多时候，接受指令的人并没有理解到位，却自以为理解到位了，下达指令的人也认为对方理解到位了，但结果出来时，才发现理解有问题，这个时候来纠正，早就晚啦！彼此表达出来，可以用口头形式，也可以用书面形式，对于重要工作，我主张用书面形式。"

能得到卫理老师的肯定，王经理心里十分高兴。

卫理老师又给了大家一张表单。这个表单，可以根据不同的工作项目，调整其中"要点"一列的内容。

表 4-1　指令理解对照表

要　　点	接受者描述	传达者描述	差异沟通
时　　间			
地　　点			
参 与 人			
量化结果			

4.3　目标要有激励作用

"目标明确、清晰、传递准确，就够了吗？"卫理老师问大家。

没有人确定够与不够,所以台下没有人说话。

卫理老师叫一名职业经理人站起来,对他说:"假如你左边那位朋友心中有一个目标:要求你无偿地给他一百万元人民币。这个目标明确吗?"

"明确。"那名经理人说。

"清晰吗?"

"清晰。"

"他把这个目标说出来,能够准确传递给你吗?"

"能够。"

"那么,你愿意接受这个要求吗?"

"不愿意。"

台下许多人发出了笑声。

"非常好!"卫理老师说,"这充分证明你的头脑是正常的!"

台下哄然大笑。

"如果是我,我会更狡猾一点,"待笑声停下来,卫理老师说,"我会假装耳朵突然听不见了,让他无法准确地把这个可恶的目标传递给我!"

大家又大笑起来。

"我上面举这么一个例子，是想说明一个道理：目标明确、清晰、传递准确还不够，还必须是双方都想要的目标。给你一百万元，对我没好处，我凭什么给你啊！作为管理者，我们不能单纯地强调，实现这个目标，是公司的需要，是领导的需要，而应该努力挖掘出员工的需要。有人会说，公司的目标和员工的目标，常常是冲突的，能够挖掘到员工的需要吗？当然能。那就是实现目标的回报。回报包括物质的回报，比如工资、奖金、福利、晋升等，还包括非物质的回报，比如良好的职业形象、上司的肯定和赞扬、个人知识和技能的提高等。我说过，风筝是有情绪的，我对待风筝就像对待一个人一样，我告诉它，飞上蓝天，是我的需要，但对你也是有好处的，你飞上去，可以看到更远处的风景，你飞得越漂亮，就有越多的其他风筝羡慕你、赞美你、喜欢你。这些话，对员工说不也是非常有意义的吗？总之，目标不仅仅是满足我们管理者，更要激励执行者。"

台下有人举起手。

卫理老师示意他说话。

"如果现实条件很艰苦，怎么去激励呢？"那名举手的人问。

"我先问你，在非常艰苦的条件下，作为管理者，你认为这个目标有实现的必要吗？"卫理老师反问。

"当然有必要，不然就不去执行了。"

"这说明你对未来是有把握的，对吗？"

"是的。"

"既然你对未来是有把握的，知道未来的回报是实实在在的，为什么不把这份回报描绘给你的执行者呢？这就是我们通常说的愿景。任何一个组织，无论它现在多么艰难，都是有愿景可描绘的，这个愿景，就能够激励我们的执行者。一个人可以没有饭吃，但不能没有梦想啊！"

那名经理人表示明白了，满意地笑了笑。

王经理听了卫理老师的话，深有感触。一直以来，他下达指令时，都没有考虑员工的需要，只是一味地要求他们执行执行再执行，但效果常常很不好，还让双方的关系日趋紧张。

在目标中找到你和执行者共同的利益。

或者，让你的目标成为你和执行者共同追求的目标。

4.4　目标转化为考核指标，并实行双向考核

"我们做到目标明确、清晰、传递准确，并且在目标中找到了我们与执行者的共同利益，接下来的工作，就是将目标转化为考核指标。我们的'风筝式督导'有三个基本原则，其中一个是'抓住最关键因素'，只有将考核指标具体化之后，才能抓住牵一发而动全身的员工利益。关于如何转化，我相信在座的朋友都是有经验的，不必我详细讲述。"

台下又有人举手，卫理老师示意他说话。

"刚才您说了，让我的目标成为我和执行者共同追求的目标，假如这一点我做到了。但是，现在考核时，却只考核执行者，执行者心里能够接受吗?"举手的人问。

"问得非常好!"卫理老师给他鼓掌，台下的人接着鼓掌。

待掌声停下后，卫理老师继续说:"在通常情况下，我们作为管理者去考核员工，而对自己没有任何考核，员工没有表示异议。但没有表示异议，并不表明员工心里就很平静，说不定员工心里早就非常不爽了，可能已

经多次在心里说：对我们要求这么严，对自己却一点要求也没有！刚才这位朋友提的问题，就涉及了我们'风筝式督导'的一个重要内容：双向考核！"

"在很多时候，员工之所以对管理者不满，是因为员工在拼命工作，在接受监督、接受考核，而管理者却很悠闲。虽然，因为你是'官'，员工口头上不说什么，但是，员工心里会很不高兴，你的个人形象也因此打了折扣。"卫理老师接着说，"风筝在天上飞，放风筝的人也没闲着，否则风筝就会栽下来。'风筝式督导'要求管理者在执行者执行过程中，继续履行自己的职责。关于这一点，管理者和执行者在将目标转化为考核指标时，要进行分工，明确'你——执行者'做什么，'我——管理者'做什么，并且相互监督，双向考核。"

双向考核

将目标转化为考核指标的同时，与执行者平等地讨论分工，明确双方的工作内容，并对双方提出考核指标，请对方考核自己。

"我们是领导，员工不敢考核我们啊?"有人举手提问。

"如果我们真诚地对员工说，请他们考核我们，他们不会不敢的，关键在于你的诚恳是否能够打动他们。"卫理老师说。

"在通常情况下，是我们考核员工，并兑现考核。员工考核我们，如何兑现考核结果呢?"又有人举手提问。

"问得非常好！既然有考核，就得有兑现。员工的考核结果兑现，通常与薪水挂钩。员工对管理者的考核，有两个途径可以兑现：一是纳入大家非常熟悉的'360度考核'中，作为考核的数据之一；二是采取非常规兑现，比如做好了你们肯定我，没做好，我拿出一笔钱请部门同事吃饭去。此外，大家在工作中或许有过'自罚'的经历，自罚也是非常规兑现方式之一。"

"双向考核，需要管理者有博大的胸怀啊!"刚才提问的人说道。

"那当然！博大的胸怀，也是我们的内在形象之一嘛!"卫理老师说，"一个愿意接受员工考核的人，一定能够提升自己在员工心目中的形象。你们愿意接受双向考核吗?"。

台下的人大声说："愿意！"

这个时候，王经理想到了自己在部门内的处境。他十分清楚，他在部门员工心中的形象不怎么样，如果实施双向考核，他的得分一定会非常低。唉，看来真该好好提升自己的管理能力了，幸好来听了这堂课。他在心里对自己这样说。

4.5　传递信心

"讲到这里，我们就已经在'目标'前面的空括号里，填上不少的内容了，最后一项内容是什么呢？是信心！"

"在我眼中，风筝就像一个孩子，我会告诉它，它是非常优秀的，它一定可以飞上蓝天，一定可以飞得比其他所有的风筝都高。这是给它信心。对员工，我们也要这样。当然，我们要切合实际，要让员工真切地感受到完成任务的可能性，否则，你在台上激情昂扬，员工不仅没反应，倒会认为你头脑发热。"卫理老师说。

台下有人举手提问："卫理老师，在很多时候，我们的确信心百倍，可无法把信心传递给员工，怎么办？"

台下有很多人小声赞同这个提问。

"这种情况的确经常存在。解决这个问题的办法是有的，但需要你有耐心。你的信心来自哪里？来自若干因素的支撑，你应该把这些因素详细地列出来，然后耐心地把这些因素告诉员工，与他们一道去分析，让他们认识到有若干因素保证他们能够成功。在这个时候，激情需要吗？需要，但更重要的还是耐心地与他们分享你的信心。不要只是简单地说'你们要充满信心'。"卫理老师说。

"如果我根本就没有信心呢？"提问的人再次说。

"如果你都没有信心，就存在两种情况：第一，目标本身有问题，不切合实际；第二，你已经不适合做一名管理者，你应该辞职啦！"卫理老师说。

台下很多人笑起来。

王经理没有笑。可能因为工作开展得一直不顺心，他就是一个没有信心的职业经理人，但因为工作需要推进，很多指令又来自上级管理者，不执行是不行的，于是就强制要求员工执行。事实上，他应该去寻找支撑自己信心的因素，然后再把它们传递给自己的员工。

1. 明确、清晰、准确
2. 共同的利益
3. 指标及双向考核
4. 传递信心

目 标

第 5 章

第 3 节课:( )行为

5.1 风筝不会自己飞上天

第 3 节课开始了。大家走进课堂时，看到屏幕上有一个问题：

风筝能够自己飞上天吗？

"大家好，我们上一节课解决了'目标'前面的空括号，"卫理老师开始讲课了，"这一节课，我们解决'行为'前面的空括号。我们先以一个问题开始，大家告诉我：风筝能够自己飞上天吗？"

大家都说不能。

"的确不会，除非它作为一片垃圾，被狂风卷上天，但那已经不叫飞了，只能说在空中乱撞乱跑。"卫理老师笑着说，"我再问大家：员工能够自己工作吗？"

有的人说能够，有的人说不能够，说能够的人要多一些。

卫理老师进一步解释"能够自己工作"的含义，他说能够包括"愿意做"、"知道怎么做"、"做得好"三层意思。然后他叫一个说能够的人起来说出理由。

那个人说："员工能够自己工作，有几个因素：第一，员工不工作，就领不到薪水，就可能失业，他被迫做，不愿意也不行；第二，员工多少还是有些敬业精神的，所以愿意做；第三，员工具备专业知识，肯定会做，知道怎么做；第四，员工会自己去钻研，而且迫于业绩压力，通常会做得好。"

"你分析得非常好！非常感谢你！"卫理老师赞扬道，但话锋马上一转，"你所说的，代表了相当一部分经理人对员工的看法。请同意他的观点的朋友举手。"

绝大多数人都举起了手。

"我很遗憾地告诉大家，如果你们这样看待员工，你们就得不到好的工作成果。"卫理老师笑笑说，"在很多时候，我们把任务丢给员工，就以为可以得到满意的结果，都是基于我们上述对员工的认识。事实上，我们常常得不到满意的结果。"

员工不能够自己工作的原因

1. 被迫做，主观上不愿意，结果是拖延着不做，或者质量上打折扣。

2. 敬业，愿意做，但缺乏相应的技能，或者缺乏必备的资源，做不了或做不好。

3. 具备专业知识，但对本单位的流程不熟悉，做不好。

4. 肯钻研，但未能满足工作需要，任务完不成，或完成得不好。

"我们在第 1 节课里曾经说道，员工是人，是有情绪有个性的人，不是一台机器，不是一台名叫'执行者'的机器。可是，在很多时候，我们把任务扔给员工，潜意识中就认为员工应该并且可以保质保量按时完成，因为我们把员工视为了执行的机器。没有人生来就会做这做那，没有员工一来你公司就能够做好所有事情，更没有员工一直都是做事情的高手。员工，是需要教导和帮助的，这是我们督导的重要内容。"

员工的工作，需要教导和帮助，即督导中的"指导"。

"在给了风筝信心之后，我会给它力量，准确地说是给它牵引力，通过放线、收线、拉动提线的方式，按它的需要给予适当的牵引力。"卫理老师说，"对员工，也是一样的。首先，不管员工专业水平如何，经验如何，都是需要培训的。对于复杂的或者有一定难度的工作，还需要专门的教导。关于如何教导，有很多专家提出了有价值的方法。风靡美国、日本的 TWI（Training Within Industry For Supervisor）训练提出的工作教导四阶段，非常有借鉴意义，请看屏幕——"

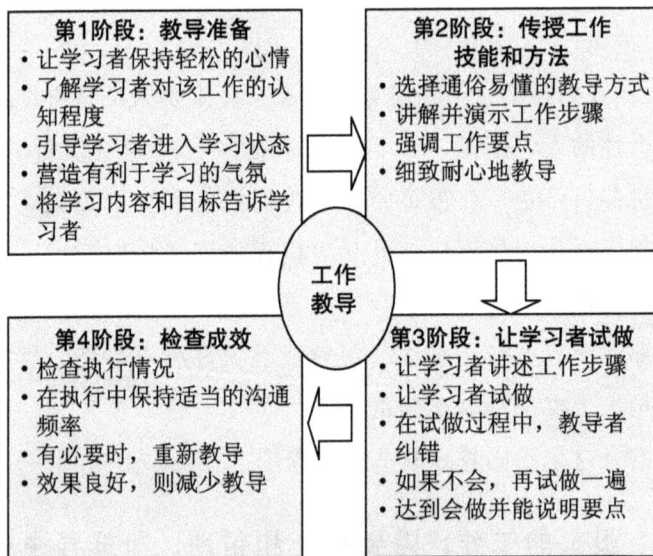

第1阶段：教导准备
- 让学习者保持轻松的心情
- 了解学习者对该工作的认知程度
- 引导学习者进入学习状态
- 营造有利于学习的气氛
- 将学习内容和目标告诉学习者

第2阶段：传授工作技能和方法
- 选择通俗易懂的教导方式
- 讲解并演示工作步骤
- 强调工作要点
- 细致耐心地教导

工作教导

第4阶段：检查成效
- 检查执行情况
- 在执行中保持适当的沟通频率
- 有必要时，重新教导
- 效果良好，则减少教导

第3阶段：让学习者试做
- 让学习者讲述工作步骤
- 让学习者试做
- 在试做过程中，教导者纠错
- 如果不会，再试做一遍
- 达到会做并能说明要点

图5-1　工作教导四阶段

"上面讲的是教导。那么，帮助又包括哪些内容呢？"卫理老师继续讲述，"风筝至少需要四个方面的帮助：一是起飞时，得有一个人在后面托着它，如果没有人托，也得把它展开，放在较平坦的地上；二是起飞时拉着提线跑动，给予牵引力；三是飞上天空后，帮助它保持平衡；四是下来时，慢慢收线，让它平稳下降。员工也至少需要四个方面的帮助：

"一是协助员工规划，协助汇集信息和各种资源，以便顺利启动工作；二是在员工执行过程中，协助员工化解各种阻力，保持进度，并提振士气，强化信心；三是协助员工与相关部门做好沟通，获取相关部门的配合与支持；四是工作结束时，与员工一起讨论得失，总结经验。"

"在这里，我要问大家一个问题：如何在教导和帮助过程中，体现我们'风筝式督导'的前两个原则：距离原则和分寸原则？"卫理老师问。

台下有人纷纷举手发言，大家都提出有价值的建议，并得到卫理老师的肯定。它们是：

（1）充分了解员工对工作的认知程度、经验情况、熟练程度，需要教导的则教导，不需要教导的则不教导。

（2）根据员工已有的技能和水平，视情况调整教导深度、广度和详细程度。

（3）在了解员工执行能力和水平的前提下，充分信任员工能够完成工作，并让员工感受到这份信任。

（4）准确定位角色，不能越俎代庖，不要把教导和帮助弄成了管理者自己去操作。

（5）在教导和帮助过程中，要一视同仁，不能给自己喜欢的人"开小灶"，而对不喜欢的人减少教导和帮助。

（6）不要在工作中掺杂私人感情，更不能和员工闹出绯闻。

（7）和每一个员工保持相同的距离，让员工觉得你是他们共同的领导和朋友，而不是某一些人的领导和朋友。

（8）及时解决员工工作中遇到的困难。

（9）树立你的威信的同时，保持良好的职业形象。

（10）使用"关心下属计划表"和"执行沟通表"。

提出上面这些建议的职业经理人，都得到了卫理老师的奖励，每人获得一本卫理老师签名的图书《梯形沟通》。

5.2　你是教练，不是监工

"卫理老师，"有人举手发言，"应该还有监督吧？"

"对，还有监督。所谓督导，就是监督和指导，我们说过指导了，现在该说监督了。"卫理老师说。

"我也想要一本书。"那个人说。

卫理老师笑笑，摊开手说："对不起，我的书刚好送完啦，我欠你一本，下一次碰面时给你。"

台下的人跟着笑起来了，都起哄说要书。

待大家安静下来，卫理老师继续讲解："指导，比较容易被执行者接受，监督就不容易被接受了。人天生是不喜欢被人监督的。这就需要我们按照'风筝式督导'的三个基本原则来监督，保持最佳距离，把握最佳分寸，抓住最关键因素。具体地说，良好的监督包括三个方面，请看屏幕——"

1. 形成主动汇报问题的机制，推行"梯形沟通"，让问题主动暴露。

2. 淡化领导角色，强化教练角色，不要把自己弄成了"监工"。

3. 有距离地控制关键因素：效率、质量、安全。

看着大屏幕，王经理开始反思自己：一直以来，他在员工执行过程中所扮演的角色，都不像教练，而更像监工，这也是他与员工关系日趋紧张的重要原因之一。

他太想从员工那里获取真实的信息了，以致有一天，他偷偷地站在办公室门外，为的是偷听办公室内员工的谈话。不幸的是，这一不够光彩的行为，被一名员工看到了，从此，员工们见了他就三缄其口，让他更难获取真实的信息。

"我们先来看看如何形成主动汇报问题的机制。"卫理老师说，"主动汇报问题，并不容易。和自己有关的问题，不愿意汇报；别人的问题，怕得罪人，也不愿意汇报。我们必须打破这种状况。一个有效的方式是鼓励挖掘业务关联部门的问题，并且汇报有奖。这种方式也有其弊端，容易导致恶意告状。另一个有效的方式，是推行'梯形沟通'，让问题主动暴露，让任何人都不敢卡住问题，不敢掩盖问题，不敢拖延解决问题。"

拿到《梯形沟通》一书的人，在急急忙忙翻看，更多没有拿到书的人就举手问"梯形沟通"的具体内容，卫理老师便做了简单的介绍。"梯形沟通"是一种横向沟通与纵向汇报相结合的新型沟通工具，不同于传统的金字塔沟通，它可以确保问题及时被暴露，并及时得到解决。

在卫理老师谈到"淡化领导角色，强化教练角色"时，台下很多职业经理人都承认自己没有做到。

"谁都不喜欢'监工'的，倒不是因为想干坏事，而是'监工'让人感觉不自在、不舒服，让人觉得不被信任。"卫理老师说，"作为管理者，要放低自己的位置，真诚地与员工交流，让他们真切地感受到你不仅是领导，更是教练，你存在于他们身边，不是监督他们，而是帮助他们。"

"如果我实在不放心他们，"台下有人举手提问，"也不能做'监工'吗？"

"员工是否值得信任，是需要经过评估的，一是评估其工作能力，二是评估其职业道德。如果这两方面都是过关的，你就应该给予他们一定的信任，而不能一味地怀疑。而且，我们监督也要有重心，该放手的事情就应该放手，对关键的要素则要多给予关注。效率、质量、安全三个要素是必须给予保证的，必须重点关注。"

"老师，"又有人提问，"我知道，'风筝式督导'第一个基本原则是保持最佳距离，但我不明白的是，既然要控制，又如何实现'有距离'呢?"

　　"如果你不厌其烦地叮嘱员工要保证进度、保证质量、保证安全，员工就会觉得你'离'他们太近了，管得太多太细了，给他们造成了压力。但如果反过来，让他们定时向你汇报进度、质量和安全情况，他们就不会觉得你'离'他们太近。"卫理老师说，"所以，我主张使用'进度、质量、安全定时汇报表'，让员工至少两天汇报一次，对重要项目或者出错率较高的项目，可以半天汇报一次。"

表5-1　进度、质量、安全定时汇报表

年　月　日

汇报人员			汇报频率	
项目	进度	质量	安全	其他说明

5.3　用肯定的方式改善

　　"除了指导和监督，我们在督导过程中，还有一项重要的工作要做，那就是改善。"卫理老师继续讲课，"我想向大家提一个问题，当一个执行者任务完成得不好，你们会有什么举动，或者说反应？"

　　"批评！"有人大声说。

　　"批评之后告诉他该怎样做！"又有人大声说。

　　"还有吗？"卫理老师看看台下，问道。

　　"批评他，让他知道错了，然后换一个人来做。"又有人说。

　　"我明白了，总之，是要批评的。"卫理老师说，"那么，如果一个人完成任务了呢？我们是怎么做的？"

　　"表扬。"有人说。

　　"每次都表扬了吗？"卫理老师问。

　　"其实，我们很少表扬，完成了就完成了，这是他应该做到的，我们顾不上表扬，又忙别的去了。"又有人说。

　　"也就是说，我们常常对完成任务的人，没有做出任何反应，是吗？"卫理老师问。

台下有人小声地议论，然后很多人说"是"。

"我小结一下：当执行者合格地完成了任务，常常被忽视，即管理者不作任何表示。而当他们没有合格地完成任务时，却常常被重视——被批评或被狠狠地批评！只有偶尔在做得非常好的时候，得到肯定的表扬！"

对待员工执行效果的三种态度

第一，忽视，即不作任何表示。

第二，批评，即否定。

第三，表扬，即肯定。

"在三个反应当中，'不作任何表示'最普遍，在任何公司里，绝大多数合格的员工，都在日复一日受到这种待遇。'批评'不算多，因为犯错的员工毕竟是少数。'表扬'最少，因为很多管理者认为员工做对事情是理所当然，是职责要求，没有什么值得表扬的。"卫理老师说。

台下绝大多数人表示认同。

"在座的朋友当中，很多人都是有孩子的。有的孩子为了吸引父母关注，故意做一些坏事出来。有这种体会的朋友请举手。"卫理老师说。

台下很多人举起了手。

"孩子为什么这样呢？"卫理老师问。

有一位女士站了起来："老师，我曾经做过教育工作，对此深有体会。孩子之所以用做坏事的方式获取父母的关注，是因为他们在做了好事的时候，父母常常认为理所当然，常常忽略他们，没有任何反应。当孩子被忽略时，他会有一种不安全感，以为父母不要自己了，不关心自己了，不爱自己了。而当他们发现做坏事可以被重视时，就想方设法多做坏事。"

"回答得非常好！"卫理老师带头鼓掌，台下响起了热烈的掌声。

"我们的员工也像孩子一样，"待掌声停下来，卫理老师继续说，"他们虽然不会主动去做坏事，但他们同样常常因为做好了做对了而不被老板关注，一个没有犯错误的员工，可能一年半载都没有机会和老板近距离沟通一次，而那些常常犯错误的员工，却常常被老板挂在嘴边！"

台下响起热烈的掌声，显然大家非常认同卫理老师的话。

"我说过，风筝也是有情绪的，当飞筝飞得漂亮的时候，我会赞扬它，而当它飞得不漂亮时，我并没有批评它，而是检讨自己放飞的方法有问题。"卫理老师继续说，"对员工也是这样。因为我知道——很多人的信心，都是被批评掉的！"

卫理老师说着，在屏幕上给出两句话：

很多能干的人的信心，就是被批评掉的。

很多不能干的人的信心，都来自于不断的表扬。

王经理看到这两句话，立即产生了强烈的共鸣。他曾经在一家公司工作，上司是一个吹毛求疵的人，常常为细枝末节的事情大发雷霆，王经理几乎每天都会被批评，说他这也不会那也不会，时间一长，他就真的认为自己这也不会那也不会了，越来越没有信心，最后不得不离职。到了现在的单位后，遇上了现在的总经理，这位总经理是一个非常善于鼓励和肯定下属的人，他能让一个信心不足的人充满信心，并把事情做好，正是在他的鼓励下，王经理才重新找回了信心。

　　"'风筝式督导'要求我们，"卫理老师在继续说，"千万不能'不作任何表示'，绝对不要使用'否定'，而一定要使用'肯定'！"

　　台下有人举起手来提问："如果员工做错了呢？我们也不否定？"

　　"即使错了，也不否定。"卫理老师说，"这就涉及我们的改善工作了。当员工做得不好，甚至错了，我就给予改善。'风筝式督导'主张以肯定的方式改善，而不是以否定的方式去改善，因为前者非常有效，后者却常常把事情弄糟。总之，做得好要肯定，做得不好，更要肯定。"

**　　用肯定的方式改善，能够真正达到改善的目的。用否定的方式改善，常常把事情越弄越糟。**

　　"用肯定的方式改善，具体怎么做呢？"台下有人提问。

　　"我先举一个例子吧，"卫理老师说，"有一天，我让刚刚聘用的助手给我写一份房地产行业管理状况分析报告，我给他交代了分析重点和大致的内容版块。两天时间里，我看到他非常辛苦地工作。两天后，报告交给我了，我看了一遍，感觉很糟糕，甚至连方向都发生了偏离。当时我有些生气。但我想，如果我批评他，至少有两方面的害处：第一，他从此可能再也没有信心写这类报告了；第二，他很辛苦地工作，获得的却是一通批评，心里一定很不爽，甚至产生抵触情绪，我和他之间的关系就可能因此恶化。于是，我决定不批评他。我很客气地把他叫到我的办公室，开始实施用肯定的方式进行改善。我首先感谢他的辛勤付出，然后对他说这类分析报告难度很大，一般的人都写不好，目的是为了消除他的压力。果然，他放松了一些。接下来，我问他是不是第一次接触房地产行业管理状况分析工作，他说是。我马上说：'对不起，我忽略了这个问题。我应该给你更详细的介绍，提供更多的帮助，介绍你查阅更多的相关资料。因为我的这个失误，现在这份报告显得很单薄，不能够给阅读者传递足够的准确的信息。'听我这么说，助手显得很不好意思，一个劲儿地说是自己理解不到位，能力不够。我们之间的气氛已经很融洽了。紧接着，我以很亲和的语气对他说：'我们现在来交流一下，这样的报告怎样写更好一些。'我告诉他报告的结构、重点分析方向、应该包括哪些内容、从哪些地方去寻找素材和数据。

我一边说，他一边记，不时提提问。这期间，我一直是微笑着和他说话。半个多小时后，他诚恳地说自己学到了很多东西，并信心十足地表示可以把报告写得更好。我也不失时机地鼓励他，表示对他充满信心。两天后，他交来了新的报告，我看后，简直无法相信，这次报告的质量好得远远超出了我的期望！"

举了这个例子后，卫理老师让大家从这个例子中总结"用肯定的方式改善"的步骤。台下的人一边说，卫理老师一边在电脑上记，然后，他整理出以下内容：

第一步：缓解对方的压力，让沟通在无压力状态下进行（这一步包括感谢）；

第二步：指出工作失误，但不带指责，尽可能以检讨的方式指出自己的责任；

第三步：详细地、清晰地告诉他正确的该怎么做，必要时请他试做；

第四步：鼓励对方，并表达你对他的信心。

在确保大家理解了上面这些步骤后，卫理老师说道："至此，我们把'行为'前面的空括号也就填好了。"

1. 给予教导和帮助。
2. 有距离地控制关键因素。
3. 用肯定的方式改善。

行 为

第 **6** 章

第4节课：（ ）结果

6.1 当结果出来时，请冷静

第 4 节课开始了。

"当快递员给你们送来一份包装好的礼物时，你们会是什么心情？"卫理老师问道。

"激动！"很多人说。

"当你们拆除包装以后，又会是什么心情呢？"卫理老师又问。

"高兴！"有人说。

"也可能失望！"还有人说。

"对，我们收到礼物时会激动，然后会高兴或失望。"卫理老师说，"员工完成任务了，把工作成果交给我们，这是一份礼物吗?"

很多人都说是。

"错了!"卫理老师笑着说,"工作成果,是我们和员工共同的,不仅仅是员工的,怎么能称作礼物呢?既然不是礼物,我们就不能以对待礼物的心情来对待工作成果。"

工作成果不是礼物。

当接到工作成果时,需要的不是激动,也不是愤怒,而是冷静。

"有些职业经理人,一收到工作成果,一看,还不错,就激动不已,这是不成熟的表现;发现有问题,就火冒三丈,这更是不成熟的表现。"卫理老师说,"我们需要的是冷静,要学会控制并调节自己的情绪。"

有人举起手提问:"您的意思是我们接收工作成果后先什么都不做?"

"不是。我们要做。但只有一项是我们该做的,那就是对员工表示感谢,感谢他的辛勤付出。如果我们一看不错,就表扬,然后发现问题了,再去批评他,他会是什么感受呢？人家正沉浸在被表扬的喜悦当中，你冷不防地闯入，一盆冷水浇在人家头上。而且是大冬天哩！这就是他的感受。如果你粗略一看，发现不好，就大声批评他，他又会怎样想呢？他一定觉得你不可理喻，根本还没有认真看，就批评人，简直不像一个做领导的！"

听着卫理老师的话，王经理心中产生了强烈的共鸣。他觉得自己就是一个不成熟的经理人，不善于控制自己的情绪，常常把事情弄得很僵。

"管理人，和放风筝的道理是一样的。风筝飞不起来，你急躁起来，乱拉乱扯提线是不管用的；风筝飞起来了，你还得认真地、平静地掌握，不然它就会栽下来。"卫理老师继续说道。

拿到工作成果，首先要做的，也是唯一能做的，就是对员工表示感谢。

不要急于表达你的判断，先仔细检查后，再给出一个客观公正的有说服力的意见给员工。

"不管做得好与不好，都要对员工表示感谢吗？"有人举手问。

"当然。不管做得好与不好，员工都是付出了辛劳的。我相信，没有任何一名员工会故意把工作搞砸，时刻准备着来挨你的批评的。除非你已经让这名员工成为一名坏员工。"卫理老师说。

"怎么会是我让员工成为坏员工的呢?"那个人又举手问。

"问得非常好!"卫理老师说，"每一名员工，从跨进公司大门那一刻起，都想着要做一名好员工的。有些员工之所以走上了'歧途'，那完全是管理者的责任，是你没有好好引导他，或者是你的管理方式方法不对，让员工失望了，自暴自弃了，进而走上了一条与领导和公司作对的路。"

6.2 天上属于风筝，地上属于你

卫理老师环顾了一下会场，见没有人提问了，他便问了大家一个问题:"放风筝时，是风筝在天上飞呢，还是人在天上飞?"

场下很多人笑起来，这么简单的问题，也值得一问吗？

"看大家笑起来，我明白了，大家的答案是风筝在天上飞。"卫理老师说，"但是，在我们现实管理中，却常常发生人往天上飞的情况！有人明白是什么情况吗？"

没有人回答。

"天空是属于风筝的，大地，才属于你。放风筝的人，是让风筝大放异彩，而不是让自己大放异彩。风筝放好了，人们固然欣赏风筝，但赞美的，却是放风筝的人。"卫理老师说，"现在你们明白了吗？"

台下陆续有人回答：

"明白了，要让员工去展示风采！"

"不要与员工争功！"

"不要与员工抢风头！"

"要让员工有成就感！"

卫理老师看没有人再说了，便开口道："你们说的都十分正确！我补充一点：不要去做应该由员工做的事情！有很多管理者，一看员工做得不好，干脆就自己去做。这既害了你自己，也害了员工，让你自己很忙，陷于琐事当中，让员工不知道哪里没做好，得不到成长。如果员工是比较有上进心的，还可能因此流失。"

让员工大放异彩

面对好的成果：

——不与员工争功劳

——不与员工抢风头

面对不佳成果：

——指导员工改善

——不要亲自去改善

    王经理听到这里，心中深有感触。他就是一个常常代下属做事情的人，每当他发现下属做得不好时，也懒得去给他们分析讲解，说一声"算了，我来做"，就自己动起手来。不过，他觉得给员工分析讲解的确太费时间，员工的技能提升也需要一个过程，不是听一次分析讲解就能够达到自己的水平的。

    他想把自己的想法说出来，于是举起了手。

    卫理老师示意他提问。

    "做经理的人，通常技能水平都比较高，经验比较丰富，流程更为熟悉，亲自做效率高质量好。如果按您的意见，指导员工去做，员工即使听明白了，也不一定能够马上达到经理的水平啊!"

台下不少人对王经理的话表示认同。

"你所说的,代表了很多经理人的看法,"卫理老师说,"但这样做是不对的。第一,经理人有一个重要职责,就是培养新人,什么都你亲自做,新人如何成长得起来呢?第二,当事情很多的时候,你怎么忙得过来呢?你不是三头六臂,很多事可能会因为你亲自做而堆积起来,然后危及公司大局,你的'勤奋'最终会害了公司!"

王经理明白了,牺牲眼前的效率和部分工作质量,可以培养出优秀的团队,是值得的。他在头脑中把已经离开了的,以及目前仍然在自己手下工作的员工分析了一遍后发现,他们每一个人,都是具备某方面优秀特质的,如果让他们都成长起来,发挥各自的长处,整个团队的执行力一定比他亲自操作更强。比如小李,思维敏捷,做事特别快;小张呢,做事虽然慢一点,但特别细心,经他手的工作,常常接近于完美;还有小王,虽然做事不够沉稳,但在把控进度方面谁都赶不上她……不考虑其他人,如果将小李、小张、小王组合在一起,就已经是相当完美的一个团队了,有效率,有质量,进度也符合规定。而王经理本人呢？虽然综合技能比手下每一个人都强，但却常常不能同时在效率、质量和进度方面保持一流。

6.3 只用赞美和肯定，不用批评和否定

"每一只飞上天空的风筝，都是非常美丽的！"在王经理分析着自己下属的特点时，卫理老师已经开始了新的讲解，"我们理所当然应该给予它们赞美和肯定！那么，对于做了工作的员工，我们又该如何对待呢？"

"如果做得好，及时给予赞美和肯定。"有人回答。

"做得不好呢？"卫理老师问。

"卫理老师，您前面已经讲过了，我们用肯定的方式改善。"有人回答。

"还有呢？"卫理老师追问。

"我们的管理很规范，奖罚分明，做得好的，奖励；做得不好的，处罚！"又有人回答。

"是的，很多公司都是这么管理的。但我个人不主张处罚，不管做得好与不好，都要给予赞美和肯定。一名

员工，只要他态度端正地执行了你的指令，他就付出了
劳动，我们总能够在他执行的过程中或结果中找到值得
赞美和肯定的地方，哪怕是一个很不起眼的优点。我们
要知道，当你把努力挖掘出来的优点拿来肯定员工，是
对他最大的激励，他可能激动很长一段时间哩！相反，
处罚则是非常不明智的行为，哪怕只是小小的处罚，也
会沉重地打击员工的积极性，甚至造成员工与你对立！"

不要把目光放在员工做错的地方，努力寻找他
做对的地方，并加以赞美和肯定。

赞美和肯定是对员工最大的激励，让事情向好
的方面发展。

相反，处罚，哪怕是轻得不能再轻的处罚，也
常常让事情变得更糟糕，甚至破坏你与员工的关系。

"不过分关注过失，是对员工的尊重与信任，同时，
也是员工成长的基本保证。大家知道小孩子是如何学会
走路的吗？他是在我们的不断鼓励和肯定中学会走路的！
当他刚刚会站起来时，做父母的就不断鼓励他站起来，
鼓励他向前走，他得到鼓励，就一次又一次尝试，最后

终于可以健步如飞了！相反，如果一个孩子第一次站起来就跌倒了，父母却给他一巴掌，骂他笨，他可能再也没有站起来的勇气和信心了，更别说走路了！员工也是这样的，他一次做错了，你就把他批评得一无是处，接下来他就不敢放开手做了。"

"老师，"有一名学员举起手来提问，"照您这么说，除了肯定，还是肯定，就不需要否定，甚至连批评都不需要了吗？"

"是的，一点批评也不需要。因为无论多么小心翼翼地批评，无论多么注意措辞的批评，都会影响员工的心情，打击员工的积极性，甚至破坏你与员工的关系。"卫理老师说，"当然，仅仅有赞美和肯定，是不能解决眼前的问题的。那怎么办呢？我们用'讲解和分析'替代'批评和否定'。"

"如何讲解？又如何分析呢？"有人问。

"问得非常好！"卫理老师说，"在我们感谢、赞美、肯定之后，要讲解的内容包括三个方面：第一，讲解您的真实要求是什么——员工可能执行之初并没有理解到你的需求，用'我所期望的是……'开头；第二，讲解你认为的优秀结果是怎样的，用'比较理想的结果应该

是这样的……'开头；第三，讲解达到理想结果的步骤，
用'我建议这样做……'开头。至于分析，主要是分析
不理想的原因，比如一个孩子放不好风筝，我们应该给
他分析是不是因为没有风，是不是风向不对，是不是力
度没有把握好。当我们讲解和分析之后，员工实际上已
经深刻地领会到自己的失误和不足了，不用你提示，他
们已经知道反省和改善了。"

只用赞美和肯定，不用批评和否定。
用"讲解和分析"替代"批评和否定"。

"如果我们经过努力，包括讲解和分析，让员工重新
去执行，效果还是十分不理想，怎么办呢？"有位经理人
提问。

"如果是这样，说明我们用人出了问题。就像我放风
筝一样，经过努力，风筝始终飞不上天，我会思考：这
个风筝是不是不适合飞翔？或者现在不具备它展翅高飞
的时机？我们用人出了问题，给了这名员工不适合的工
作任务。我们不能强迫员工再去做，而应该调整我们的
指令，给他一项更适合他的工作，让他去取得成功，并
建立他的信心！"

王经理听到这里，又想起了自己平时的失误来，当一项工作再三做不好时，他没有想到用人不当的问题，更没有想到调整指令，而是严厉地要求："拿去，重做！"

"拿去，重做！"员工感到的是无限沮丧和绝望。

"我另外交给你一项工作！"则让员工看到了证明自己的新希望！

卫理老师继续说道："风筝飞失败了，你们总不可能对它来句'去！重新飞'，而应该由我们帮助风筝飞起来！"

6.4 考核，并兑现

"卫理老师，我有一个疑惑。"有一位经理人举起手说。

"请告诉我。"卫理老师说。

"无论员工做得好不好，依照您的教导，我们都给予感谢、赞美和肯定，对一再做不好的，还给他分派新的任务，把原来的任务转交给别人，这会不会让员工心里产生一种'做得好与不好都一样'的想法呢?"

"你说得非常好!"卫理老师接过话头,"如果我们不采取一定的措施的话,员工一定会这样想,这不仅打击了优秀员工,还可能养出一帮懒人,反正做不好,任务就会交给别人,容易的我就试着做一下,难的我干脆就不去努力做了。但是,我们是有措施的,在前面我们讲'目标'的时候,就已经讲到了,我们要把目标转化为考核指标,并实施考核。考核是量化的,考核标准是事前达成一致的,至少是事前充分公示过的,我们对员工表示感谢,表达赞美和肯定,都不影响考核指标与标准,我们调整指令,把任务交给别人,原来这名员工不用再执行这项任务了,但考核时,依然按照'未完成任务'来考核。考核结果出来后,我们兑现考核,在工资和奖金中体现出来。"

感谢、赞美和肯定,丝毫不影响对执行结果的考核。

考核,并兑现考核结果,是管理督导的重要保证。

讲到这里，第 4 节课也就接近尾声了。至此，"结果"前面的空括号也填上了内容。

———————※※※——————————

1. 冷静面对
2. 让员工大放异彩   结 果
3. 只能用赞美和肯定
4. 考核并兑现结果

6.5 小结

"到这里，我要讲的风筝式督导，就讲完了。有哪位同学帮我总结一下吧，我们该如何实施风筝式督导？"卫理老师问。

可能是因为缺乏信心，没有人主动去总结。

王经理是一个善于总结的人，他不想放过和卫理老师交流的任何机会，他在脑子里飞快地把课堂的内容过了一遍，然后举起了手。

卫理老师很高兴地鼓励他上台去说。

王经理从容地走上讲台，开始了他的总结。

"首先，我们要认识到，员工不是机器，他们是有思想、有情绪的，我们应该去充分地了解他们，并与他们建立良好的关系。其次，我们要把握三个基本原则：与员工保持最佳距离，把握最佳的干预分寸，抓住最关键的因素。第三，我们在制定目标时，要做到目标明确、清晰、准确，在目标中找到我们与员工的共同利益，将目标转化为指标并实行双向考核，再就是要向员工传递实现目标的信心。第四，在员工执行过程中，我们要给予教导和帮助，有距离地控制关键因素，并且不断使用肯定，避免使用否定。第五，面对结果，要保持冷静，要让员工大放异彩，而不是你自己出风头，对员工表示感谢、赞美和肯定，用'讲解和分析'替代'批评和否定'。最后，是对执行结果进行考核，并兑现考核。"

"总结得非常好！"卫理老师给王经理鼓掌，其他学员也跟着热烈地鼓掌。

王经理走下讲台后，卫理老师也做了总结，总结得更为简洁："三个基本原则，即与员工保持最佳距离，把握最佳的干预分寸，抓住最关键的因素，这也是我们风筝式督导的基本思想。而我们实施风筝式督导的基本步骤则是：第一步，了解员工，优化关系；第二步，制定目标，双方认同；第三步，对过程有距离地督导，不断实施肯定；第四步，对结果赞美、肯定和考核，并通过讲解、分析去实现改善。"

风筝式督导

基本原则：

1. 与员工保持最佳距离；

2. 把握最佳的干预分寸；

3. 抓住最关键的因素。

基本步骤：

第1步，了解员工，优化关系；

第2步，制定目标，双方认同；

第3步，对过程有距离地督导，不断实施肯定；

第4步，对结果赞美、肯定和考核，并通过讲解、分析去实现改善。

第 7 章
最后的提示

课程结束了，学员们却不愿意离去，很多人围在卫理老师的周围，请教管理之道。

　　作为职业经理人，在其职业生涯中，可能面临着多次晋升或空降。当晋升或空降到新的职位后，如何在短时间内迅速"坐稳位置"，是很多人关心的问题。围着卫理老师的学员中，有好几个提出了这方面的问题。

　　"获取新职位之初，你们是怎么做的呢?"卫理老师反问他们。

　　大家争先恐后地回答——

　　"新官上任三把火，先烧出自己的影响力!"

　　"团结听话的，建立自己的群众基础;打击不听话的，减少自己的施政阻力!"

　　"我嘛，上任之初，就宣布自己的一套规则，把规矩兴起来，后面的事情才好做！"

……

在大家说完之后，卫理老师说："你们说的都非常正确，而且可能你们这样做也是非常有效的。但我的看法有一些不同，这些看法，是我从'风筝式督导'中引申出来的。"

接下来，卫理老师给大家讲了 6 点，我们且当这是卫理老师最后的提示吧。

7.1　新官上任别烧火

卫理老师说，新官上任三把火，是最愚蠢的做法。理由有四——

第一，过早暴露了自己的家底。

一个职业经理人上任之初，会有很多双眼睛在打量他。老板在打量，同级经理人在打量，员工也在打量。他们边打量边在想："这个家伙，到底有多大本事呢？"

如果你不烧火，按兵不动，或者说在彻底熟悉情况之前按兵不动，就能一直保持着神秘感，那些想给你难堪，甚至想把你从现有位置上挤下去的人，也不敢轻举妄动。要知道，职场如战场，敌人常常是存在的。很多人"欺生"，并不一定是因为你可能威胁到他们的利益，而是他们需要"收服"你，让你加入他们的阵营，即使不加入他们的阵营，也要怕他们几分，免得日后妨碍他们的行动。

但是，如果你在"敌我形势"都还没有弄清楚的情况下就烧三把火，会迅速让别人看清了你的实力。打量你的老板，会觉得"这人的能力并不怎么样"，打量你的"敌人"则会说："这家伙就这点本事，搞掉他！"

唐代柳宗元有一篇寓言叫《黔之驴》。老虎刚见到驴子时，以为驴子很厉害，不敢攻击，驴子一叫，都把老虎吓得逃之夭夭。但当老虎发现驴子没什么技能时，立即把驴子给吃掉了。

"职业经理人，应当做黔之虎，不要做黔之驴！"卫理老师笑着说。

第二，你烧的火，前任甚至前几任都烧过了。

现在很多职业经理人，为了显示自己的能力，一上任，就匆匆忙忙出台一大堆文件，宣布一大堆措施。事实上，这些文件也好，措施也好，基本上都不是自己原创的，都是舶来品，甚至就是网上或书上直接抄来的。

他们忘了一个事实：他出台的这些玩意儿，在他之前，已经有多个人出台过了，甚至连文字表述上都是一模一样的！

悲哀的是，明明有许多人知道你这些不是新东西，却假装附和你，说你英明，说你有水平。事实上，你已经是舞台上的一个小丑，而他们，则是看小丑表演的人，已经笑得前仰后合了。而你还在台上沾沾自喜，自以为征服了一帮没有见识的"土包子"。

明智的职业经理人不会轻易烧火，他们冷静地思考三个问题：第一，这样的火，前面的人是否已经烧过？第二，这样的火烧起来，大家会有什么看法？第三，如果至少有一个人看过这样的"火"了，我就必须烧出新花样来，我能吗？

第三，烧出乱子来，别人看笑话。

每一家企业，都有其独特的管理环境和管理文化，舶来的管理方法能否发挥作用，还得看其与企业的管理环境和管理文化是否相生，如果相克的话，就得改良了才能用。生搬硬套的做法，不仅出不了效益，还可能闹出乱子来。

说到这一方面，卫理老师举了一个例子。某企业的管理文化是比较人性化的，追求和谐的工作氛围。有一年，该企业聘用了一名职业经理人，客观地说，这名职业经理人很能干，之前在别的企业也做出过卓越的成绩。但他的管理风格却和人性化管理大相径庭，在不了解管理环境和管理文化的情况下，他推出一系列管理措施，把员工搞得很紧张，个个感到风声鹤唳，进而人才大量流失。在团队和经理人之间选择的话，老板肯定愿意牺牲一个经理人，去保住团队。最后，这名经理人被老板扫地出门了。

第四，你一个人烧，火能旺到哪里去呢？

众人拾柴火焰高，一个人拾柴，就有熄火的危险。当一个职业经理人还没有支持者时，就是一个人在拾柴烧火。

"卫理老师，"听卫理老师分析到这里，有人举手说话，"我是领导，我有权力强迫其他人按照我的意图去办啊，也算众人拾柴了嘛！"

"被强迫的人，会心甘情愿为你出力吗？他们内心巴不得你倒台，表面上在按你的要求办，私底下却给你埋地雷，某一天你被炸得支离破碎还不知道是谁害了你！"卫理老师说。

新官上任别急于烧火

1. 过早暴露自己的实力。

2. 烧不出新花样，让人看不起。

3. 不了解管理环境和管理文化，可能烧出乱子。

4. 没有支持者，火烧不旺。

7.2 首先建立信任，而不是首先建立规则

卫理老师说，新经理一上任，就颁布各项规则，表面上看，是树立规矩，为自己下一步的工作打下基础，但事实上，这样做往往是给自己设置前进的障碍。

为什么会这样呢？

因为被管理者是人，是有思想、有情绪的人，而不是机器。如果是一台计算机，我们设定好程序，它就可以按照我们的程序运行。但人不一样，他高兴了，可以按你的要求去做，不高兴了，就暗地里按他的想法去做。

更糟糕的情形是，颁布了一大堆规矩，却明显与管理需求或管理实际情况不相符，你可能很快就被认为"没什么能力"。

那么，新经理应该怎样去做呢？

首先，树立员工对你的信任。

只有员工信任你的时候，你的施政方针才可能被他们认可和遵从。说到这里，卫理老师给大家讲了三个词语的微妙区别："权威"、"威信"和"信任"。权威来自于权力，甚至可以说是强权，你有权力，人家怕你，但不一定服你。威信来自于威望，人们敬你，但敬而远之。信任是相信，并且敢于托付，是发自内心的认同和依赖。当员工怕你时，他会阳奉阴违；当员工对你敬而远之时，他会凭着自己的心情来做事情；当员工信任你时，他会为你卖命。很显然，新经理最想要的是信任。

当然，信任是要靠你的言行去树立的，去证明给你的员工看。卫理老师提到了历史上著名的商鞅变法。刚开始，人们不信任商鞅，要么观望，要么抗拒。商鞅为了取得人们的信任，搞了一个"立木取信"的行动。他让人在都城南门立了一根三丈高的木头，他颁布告示说谁把它搬到北门，赏十钱，但没人相信。他又颁布告示说赏金增加到五十钱，结果有一个人试探着把木头搬到了北门，商鞅真的赏了他五十钱。

"说到做到，为员工的前途着想，你就能够得到员工的信任！"卫理老师说，"员工就像一只风筝，想让他飞上天空，你首先得让他相信，飞上去是安全的，你不会中途把线丢掉或扯断。"

其次，建立你和员工之间的友谊。

卫理老师把友谊称作管理的"润滑剂"。任何管理措施，都不能保证百分之百完善，不完善就可能出现磕磕碰碰，如果有友谊存在，给予"润滑"一下，磕碰的伤害就会降到最低限度。

我们常常听到员工说"这是看在某某的面子上"，那意思是说，本来我不愿意，但看在某某的面子上，我愿意了。这其实就是友谊在起"润滑"作用。作为新经理，在工作中要不折不扣地要求员工，在工作之余要善于与员工做工作之外的情感交流，建立彼此的友谊，让员工深切地感受到：你和他的不同，只是工作分工不同而已，而在其他方面都是平等的，是可以做朋友的。

还有非常重要的一点：对工作提要求、做检查，以及做奖惩，都要透明，要光明磊落。你不是黑猫警长，你的同事也不是老鼠，如果你和同事之间成了猫和老鼠的关系，那么，信任和友谊就都无从谈起了，你颁布的所谓规则也将成为一纸空文，甚至一通屁话。

权威、威信与信任

权威来自于权力，甚至可以说是强权，你有权力，人家怕你，但不一定服你。威信来自于威望，人们敬你，但敬而远之。信任是相信，并且敢于托付，是发自内心的认同和依赖。

当员工怕你时，他会阳奉阴违；当员工对你敬而远之时，他会凭着自己的心情来做事情；当员工信任你时，他会为你卖命。很显然，新经理最想要的是信任。

信任支撑规则

信任是管理规则有效建立的基础。

友谊是管理的"润滑剂"。

缺乏信任和友谊，所有的"规则"都将是一纸空文或一通屁话。

7.3 像欣赏艺术品一样欣赏同事

针对有的经理说的"团结听话的，打击不听话的"观点，卫理老师说："没有不听话的员工，只有不会说话的领导！"

当一个员工信任你时，他不可能和你对着干。而那些实实在在与你对着干的员工，也不一定就是坏员工，恰恰相反，他内心深处渴望着"被征服"，被一位好的领导者征服，如果你征服他了，他可能成为你最贴心最忠诚的下属。

如果一个管理者认为某个员工不听话，那只可能有两种原因：一是管理者自己没能力征服下属，二是管理者不喜欢这个员工的风格。风格只有差异，而没有好坏之分。你不喜欢员工，员工也就不会喜欢你。作为管理者，要客观看待每一名员工的风格，并从中发现其优秀之处。

卫理老师说，管理者是艺术欣赏者，而不是医生。

走进医生办公室的人，十有八九是病人，医生理所当然挑毛病，而且挑得越多表明医生越有水平。反之，一个医生不挑毛病，拍着病人说："身体好得很嘛！没毛病嘛！"人家会觉得他是庸医。

进入艺术欣赏者眼帘的，都是艺术品。欣赏者理所当然去寻找美，从艺术品中发现美，代表着欣赏者的水平和境界。那种把艺术品批得一文不值的人，通常是心态有问题的人。

如果你用医生的眼光去看待你的员工，你发现的，就全是毛病。而如果你用艺术欣赏者的眼光去看待你的员工，你发现的，就全是优点。同样是那个员工，因为你的眼光不同，他就不同。把目光放在员工的优点上面，你才会觉得员工可爱，你才会感受到带领他们的乐趣。

当你觉得某个员工不听话时，首先要反省自己，思考一下是哪里没做好而让员工"不听话"。

没有不听话的员工，只有不会说话的领导。

管理者是艺术欣赏者，而不是医生。

7.4 自动自发的秘诀——工作的快乐感

一个孩子喜欢弹钢琴，你不用要求他，他一有时间就会去弹，而且弹得十分动听，因为这件事情让他很快乐。反之，一个孩子不喜欢弹钢琴，你把他按在钢琴前也没用，因为弹钢琴对他来说是一种痛苦的折磨。

卫理老师说，员工自动自发地工作，是每一个经理人所期望的，然而，很多经理人都不知道自动自发的秘诀在哪里。

自动自发的秘诀在于工作的快乐感。员工能够自动自发，绝对不是因为你有权力要求他做事，而是他觉得做事是他自己的需要。

如何才能让员工找到工作的快乐感呢？很多经理人认为快乐是薪水决定的，事实并非如此。金钱之外，还有很多快乐之源。卫理老师说得好，给风筝以天空，让风筝舞动起来，风筝就是快乐的。对员工也是如此：给员工以舞台，让员工舞动起来，员工就是快乐的。

在聆听卫理老师的讲述过程中，王经理想起一个人，一个 25 岁的女孩子。这个女孩子在一家房屋销售公司上班，做其中一个店的经理，手下六七个年龄相仿的年轻人。这群年轻人工资并不高，底薪不到 2000 元，每天早上八点上班，常常晚上十一二点钟才下班，公司管理也非常严格，罚款名目繁多，几乎每一个人都被罚得伤痕累累。更变态的是，这家公司所有街面店的房租水电都摊派到每一个人头上，诸如电脑等办公设施，更是员工自己解决！但是，这群年轻人的工作热情却非常高，每天都在拼命地工作，每天早晚的会议开得激情昂扬。王经理曾与这个女孩子交流过，他想知道她和她的员工们拼命工作的动力在哪里。刚开始，他以为他们底薪之外的提成会很高，大家冲着钱，拼命是很正常的。但了解

后得知，他们的提成并不高，在整个销售公司，几千名
销售人员，每月能够挣到上万的占不到 3％。他们的动
力在哪里呢？女孩子给了他答案：第一是培训，这家公
司有很好的培训机制，可以让每一个人在接受培训中提
升自己；第二是晋升通道，这家公司提供了多达十几个
的阶梯式晋升通道，只要你努力，就可以从最基层做到
总监，晋升都以业绩说话，不论资历不限时间长短；第
三是展示风采的舞台，公司每年评出若干名精英，你可
以在几千人面前展示自己，并有机会获取国外旅游度假
等奖励。正是这三点，让公司的年轻人抱着"工资低点
无所谓，眼光看未来"的念头，每天拼命工作着。

　　薪水，当然是员工快乐的重要因素，但不是第一
因素。

员工快乐的秘诀

1. 技能成长的机会（培训）

2. 职位发展的机会（晋升）

3. 展示风采的机会（舞台）

4. 基本生活的保障（薪水）

7.5　员工满意度——你最大的竞争力

企业最重要的资源不是客户，而是员工。有了好的员工，什么样的客户都可以争取到。

企业最大的竞争力，不是产品，而是员工。有了好的员工，无论什么高品质的产品都能够生产出来。

卫理老师说，一个新经理，如果能够让员工满意，那么一切问题就都可以解决了。员工满意了，员工工作热情高涨，尽心尽力生产高质量的产品，为客户提供优质的服务，客户自然满意了；员工满意了，工作成果优秀，团队作战能力强，部门业绩卓越，你的上司自然满意了；员工满意，客户满意，上司满意，你的晋升、加薪接踵而至，还有什么不满意的呢？

如何让员工满意呢？这和让员工快乐是一致的。薪水固然重要，但不是最重要的。培训机会、晋升通道、展示的舞台，可能远比薪水更有激励作用。

卫理老师提醒大家说：让员工满意，一定要弄明白员工需要的是什么。很多管理者，根据自己的喜好去判断员工的需求，往往给予的却不是员工所需要的。也许，你想到的是发一笔奖金，而人家需要的却可能是一次度假。

让员工主动提出他的需求，是一个值得借鉴的方法。有一家公司的老板，每年年底都要召集员工开一次"个人目标会议"。在会上，他要求每一个员工列出来年自己想实现的 51 个目标，并与员工一起讨论如何去实现这些目标，并承诺利用公司资源帮助员工实现目标。这一行为，换来了公司强大的团队凝聚力和战斗力。

7.6　肯定，要发自内心

在卫理老师的课程中，多次提到要肯定员工，大家也都意识到了肯定的重要性。但是，在交流过程中，卫理老师却发现，很多经理虽然知道了肯定的重要性，却不知道如何去肯定。

"肯定员工，最重要的一点是发自内心，不能为了肯定而肯定。"卫理老师说，"如果你的肯定让员工觉得很虚假，不真诚，那么就适得其反了，员工就可能因此看不起你，进一步远离你，或者与你对立起来。"

为了让你的肯定更具感染力，还要配合适当的表情，别太生硬。有些经理人，长期以来表情严肃，突然要转换一下表情，自己觉得别扭，员工更觉得惊诧莫名。对这样的经理人，卫理老师建议先从行动上拉近自己与员工的距离，比如搞一些小型的活动等，让员工认识到你也是一个可以有笑容的人，也可以是一个亲和的人。

王经理想起一件事情：有一天，他手下一名员工做了一项很出色的工作，他情不自禁的表扬时，那位员工竟然惊讶地看着他，像被吓着了，半天回不过神来，而当员工回过神来时，回报自己的不是快乐的表情，而是尴尬，仿佛那表扬比批评还不如似的。

肯定，需要发自内心，需要真诚，需要配合适当的表情。

如果你还不习惯于肯定员工，那么就先拉近你与员工之间的距离。

第 8 章

意想不到的成效

一年后，又是一个风和日丽的日子，河滩地上，成群结队的人在放风筝，天空中一片五彩斑斓。

　　卫理老师带着他的孙子，刚把一个巨大的长龙风筝放飞天空，赢得周围一片喝彩声。

　　"爷爷，你看!"人们的喝彩声刚刚停下来，孩子就指着不远处大声叫起来。

　　不远处，另一只长龙风筝也正在徐徐升起，那风筝和他们的风筝一模一样。

　　放长龙风筝的是一对父子。怎么如此眼熟?! 卫理老师觉得那个父亲似乎在哪里见过。

　　卫理老师还在回想着何处见过时，那个做父亲的却自己跑了过来。

　　"卫理老师! 您好啊!"

"你是……"卫理老师还是没有想起来在哪里见过。

"我姓王，叫王小云，去年在这里放风筝时见到您，然后去听了您的课——风筝式督导！"

卫理老师想起来了！

"你现在怎么样？看你的精神状态好多啦！"卫理老师回想起当时的王经理了，当时的他一脸倦容，和眼前这个容光焕发的年轻人判若两人。

"我现在很好！按照您的指点，我实施了风筝式督导——与员工保持最佳距离，把握最佳的干预分寸，抓住最关键的因素——很快，一切都变得非常理想。我解放了，员工也解放了，工作成绩却特别好！我现在已经是公司的常务副总经理啦！还有，我的家里也充满了欢乐，我有了更多的时间陪伴家人，应用您告诉我们的'肯定与赞美'，我和我太太的感情更加融洽，和儿子的关系也更为亲密了，儿子的学习成绩也越来越好啦！真是意想不到的成效啊！太感谢您啦！"

王经理说的都是真的，在他实施风筝式督导后，部门的业绩就一直持续排名第一，几个月后，公司提拔他做了副总经理。他继续实施风筝式督导，他分管的几个部门的业绩也是直线上升，垄断了公司业绩排名的前几

120

名。在家里呢？以前，孩子的成绩一直处于中下水平，在他不断肯定和鼓励之下，孩子的成绩不断提高，后来就一直保持在前几名了。

卫理老师欣慰地笑了。

此时，卫理老师的孙子和王经理的儿子也正在快乐地交流着，两只巨大的长龙风筝并排在天空，吸引了所有人的目光，邻近几条马路上的汽车都停下来了，司机们把头伸出窗外观看，差不多已经交通大堵塞了。

图书在版编目（CIP）数据

"轻模式"03：风筝式督导/邱庆剑 著 . —北京：东方出版社，2013.6
ISBN 978-7-5060-6365-4

Ⅰ.①轻… Ⅱ.①邱… Ⅲ.①企业管理—通俗读物 Ⅳ.①F270-49

中国版本图书馆 CIP 数据核字（2013）第 118797 号

"轻模式"03：风筝式督导

（"QING MOSHI" 03：FENGZHENG SHI DUDAO）

作　　者：邱庆剑	
责任编辑：申　浩	
出　　版：东方出版社	
发　　行：人民东方出版传媒有限公司	
地　　址：北京市东城区朝阳门内大街 166 号	
邮政编码：100706	
印　　刷：北京中科印刷有限公司	
版　　次：2013 年 7 月第 1 版	
印　　次：2013 年 7 月第 1 次印刷	
印　　数：1—6000 册	
开　　本：880 毫米×1230 毫米　1/32	
印　　张：4.125	
字　　数：64 千字	
书　　号：ISBN 978-7-5060-6365-4	

发行电话：（010）65210056　65210060　65210062　65210063